Impressum
Verlag: BABADADA GmbH, Nedderfeld 112 , 22529 Hamburg
Geschäftsführer / Verlagsleitung: Harald Hof
Druck: Books on Demand GmbH, In de Tarpen 42, 22848 Norderstedt

Imprint
Publisher: BABADADA GmbH, Nedderfeld 112 , 22529 Hamburg, Germany
Managing Director / Publishing direction: Harald Hof
Print: Books on Demand GmbH, In de Tarpen 42, 22848 Norderstedt, Germany

bahagi
дзяліць

186/2

papan
дошка

bilik darjah
класны пакой

laman/taman sekolah
школьны двор

guru
настаўнік

kertas
папера

tulis
пісаць

pen
ручка

meja
пісьмовы стол

pembaris
лінейка

buku
кніга

murid
вучань

beg galas

ранец

kotak pensel

пенал

pensel

просты аловак

pengasah pensel

тачылка для алоўкаў

pemadam

гумка

kertas lukisan

альбом для малявання

melukis

малюнак

berus lukis

пэндзлік

kotak warna

фарбы

gunting

нажніцы

gam

клей

buku latihan

сшытак

kerja rumah

хатняе заданне

12

nombor

лік

2+2

tambah

дадаваць

5-2

tolak

адымаць

2×2

darab

множыць

kira

лічыць

A

huruf

літара

ABCDEFG HIJKLMN OPQRSTU VWXYZ

abjad

алфавіт

hello

kata

слова

teks

тэкст

baca

чытаць

kapur

крэйда

pelajaran

ўрок

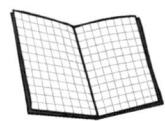

daftar

класны журнал

peperiksaan

экзамен

sijil

атэстат

uniform sekolah

школьная форма

pendidikan

адукацыя

ensiklopedia

энцыклапедыя

universiti

універсітэт

mikroskop

мікраскоп

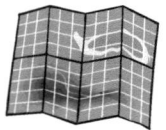

peta

карта

bakul sampah

смеццевы кошык

hotel
гатэль

asrama
хостэл

ROOMS

pejabat tukaran mata wang
абменны пункт

EXCHANGE

beg pakaian
чамадан

kereta
аўтамабіль

bahasa

мова

ya / tidak

так / не

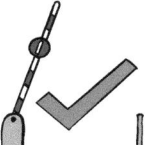

okey

добра

helo

прывітанне!

penterjemah

перакладчык

Terima kasih

дзякуй

berapa banyak...?

Колькі каштуе....?

saya tidak faham

я не разумею

masalah

праблема

Selamat petang!

Добры вечар!

Selamat Pagi!

Добрай раніцы!

Selamat Malam!

Дабранач!

selamat tinggal

да пабачэння

arah

кірунак

bagasi

багаж

beg

сумка

beg galas

заплечнік

tetamu

госць

bilik tidur

пакой

beg tidur

спальны мяшок

khemah

палатка

maklumat pelancong

інфармацыя для турыстаў

pantai

пляж

kad kredit

крэдытная картка

sarapan

снеданне

makan tengah hari

абед

makan malam

вячэра

tiket

праязны білет

lif

ліфт

setem

паштовая марка

sempadan

мяжа

kastam

мытня

kedutaan

пасольства

visa

віза

pasport

пашпарт

pengangkutan
транспарт

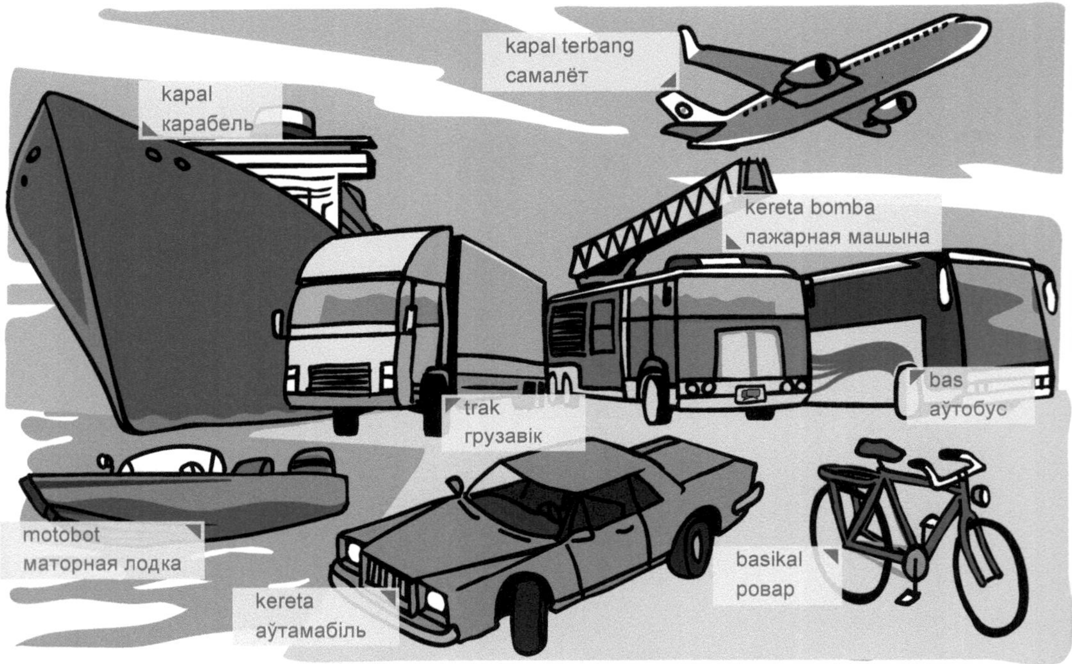
kapal terbang
самалёт
kapal
карабель
kereta bomba
пажарная машына
bas
аўтобус
trak
грузавік
motobot
маторная лодка
basikal
ровар
kereta
аўтамабіль

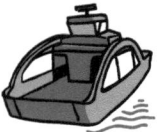

feri
парон

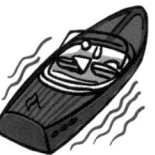

bot
лодка

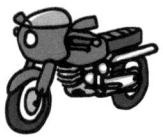

motosikal
матацыкл

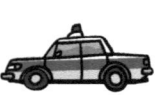

kereta polis
паліцэйская машына

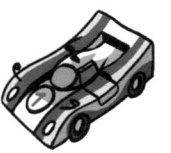

kereta lumba
гоначны аўтамабіль

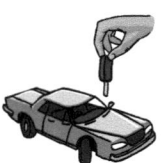

kereta sewa
арэндаваны аўтамабіль

berkongsi kereta

сумеснае карыстанне аўтамабілем

trak tunda

эвакуатар

trak menolak

смеццявоз

motor

матор

bahan api

паліва

stesen minyak

запраўка

tanda trafik

дарожны знак

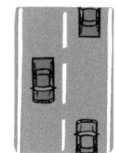

trafik

дарожны рух

kesesakan lalu lintas

затор

tempat parkir

паркоўка

stesen kereta api

чыгуначная станцыя

trek

рэйкі

kereta api

цягнік

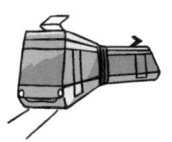

trem

трамвай

gerabak

вагон

pengangkutan - транспарт

helikopter

верталёт

lapangan terbang

аэрапорт

Menara

вежа

penumpang

пасажыр

bekas

кантэйнер

kadbod

кардонная скрыня

kart

тачка

bakul

карзіна

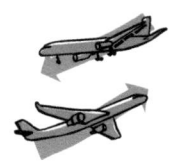

berlepas / mendarat

ўзлятаць / прызямляцца

bandar

горад

kampung

вёска

pusat bandar

цэнтр горада

rumah

дом

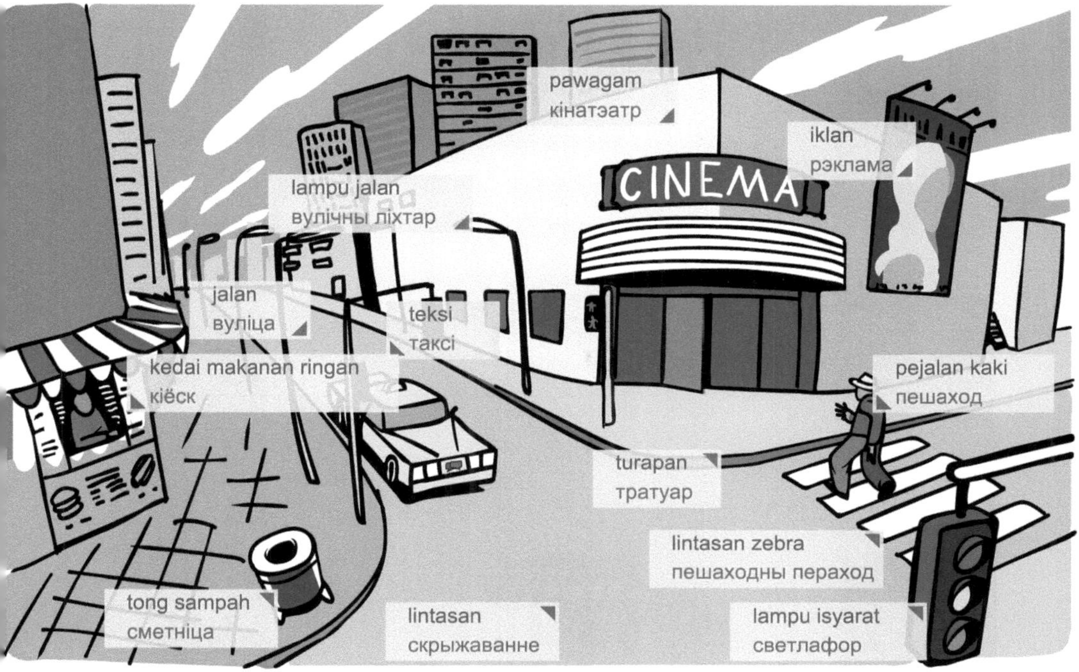

pawagam
кінатэатр
iklan
рэклама
CINEMA
lampu jalan
вулічны ліхтар
jalan
вуліца
teksi
таксі
kedai makanan ringan
кіёск
pejalan kaki
пешаход
turapan
тратуар
lintasan zebra
пешаходны пераход
tong sampah
сметніца
lintasan
скрыжаванне
lampu isyarat
светлафор

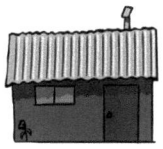

pondok

халупа

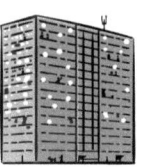

flat

кватэра

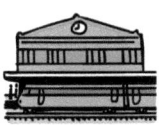

stesen kereta api

чыгуначная станцыя

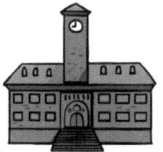

dewan bandar

ратуша

MUSEUM

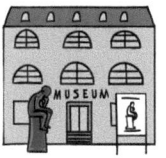

muzium

музей

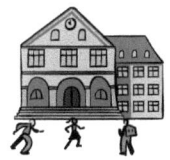

sekolah

школа

universiti

універсітэт

bank

банк

hospital

шпіталь

hotel

гатэль

farmasi

аптэка

pejabat

офіс

kedai buku

кнігарня

kedai

крама

kedai bunga

кветкавая крама

pasar raya

супермаркет

pasaran

кірмаш

gedung

універмаг

penjual ikan

рыбная крама

pusat membeli-belah

гандлевы цэнтр

pelabuhan

порт

taman

парк

bangku

лава

jambatan

мост

tangga

лесвіца

bawah tanah

метро

terowong

тунэль

hentian bas

прыпынак

bar

бар

restoran

рэстаран

peti surat

паштовая скрыня

papan tanda jalan

вулічны паказальнік

meter parkir

паркамат

zoo

заапарк

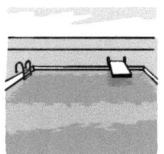

kolam renang

басейн

masjid

мячэць

ladang

сядзіба

pencemaran

забруджванне
навакольнага асяроддзя

tanah perkuburan

могілкі

gereja

царква

taman permainan

пляцоўка для гульні

kuil

храм

landskap

краявід

daun
ліст

tiang tanda
паказальнік

jalan
дарога

padang rumput
луг

batu
камень

pejalan kaki
падарожнік

pokok
дрэва

sungai
рака

rumput
трава

bunga
кветка

lembah

даліна

bukit

гара

tasik

возера

hutan

лес

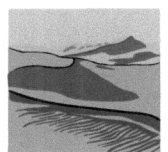

padang pasir

пустыня

gunung berapi

вулкан

istana

замак

pelangi

вясёлка

cendawan

грыб

pokok kelapa sawit

пальма

nyamuk

камар

terbang

муха

semut

мурашка

lebah

пчала

labah-labah

павук

landskap - краявід

kumbang

жук

katak

жаба

tupai

вавёрка

landak

вожык

arnab

заяц

burung hantu

сава

burung

птушка

angsa

лебедзь

babi jantan

дзік

rusa

алень

moose

лось

empangan

плаціна

turbin angin

вятрак

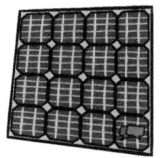

panel solar

сонечная батарэя

iklim

клімат

pelayan
афіцыянт

menu
меню

kerusi
крэсла

sup
суп

piza
піца

kutleri
сталовыя прыборы

alas meja
абрус

pemula

закуска

hidangan utama

другая страва

pencuci mulut

дэсерт

minuman

напоі

makanan

ежа

botol

бутэлька

makanan segera

хуткае харчаванне (фаст-фуд)

makanan jalanan

стрыт-фуд

teko

імбрык (чайнік)

mangkuk gula

цукарніца

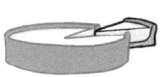

bahagian

порцыя

mesin espreso

эспрэса-машына

kerusi tinggi

дзіцячае крэселка

bil

рахунак

dulang

паднос

pisau

нож

garfu

відэлец

sudu

лыжка

sudu teh

чайная лыжка

serviette

сурвэтка

gelas

шклянка

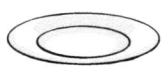

pinggan

талерка

mangkuk sup

супавая талерка

piring

сподак

sos

соус

tempat garam

сальніца

pengisar lada

млынок для перцу

cuka

воцат

minyak

алей

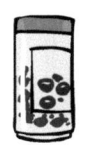

rempah

спецыі

sos

кетчуп

mustard

гарчыца

mayones

маянэз

pasar raya
супермаркет

tawaran istimewa
акцыя
FOR
pelanggan
пакупнік
tenusu
малочныя прадукты
buah-buahan
садавіна
troli
вазок

BUTCHERS

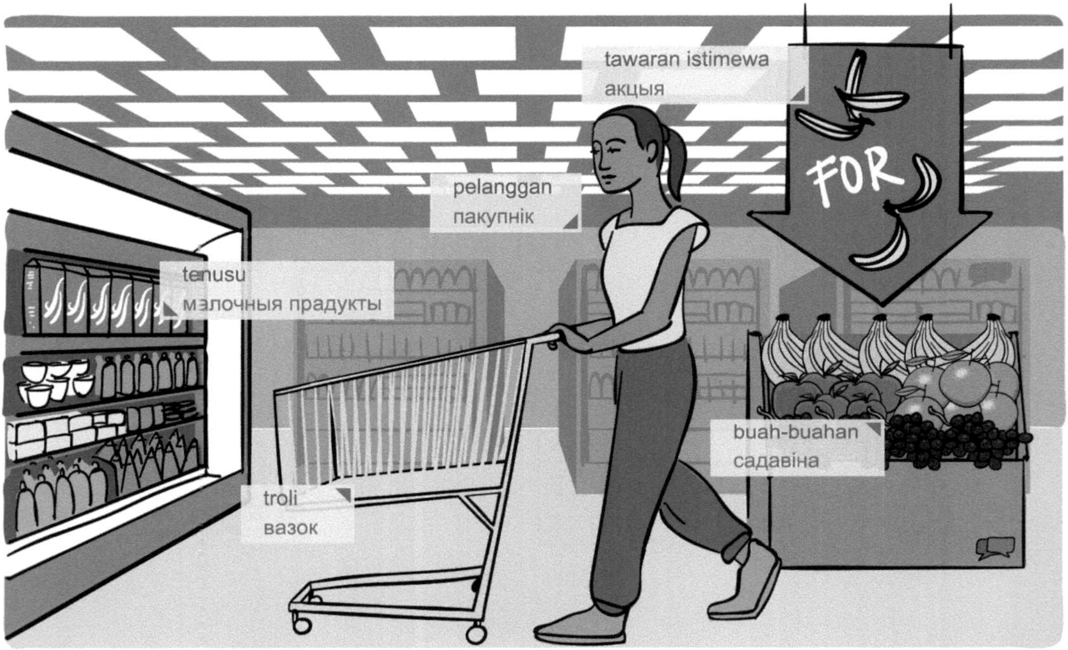

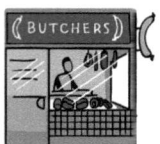

tukang daging

мясная крама

BAKERY

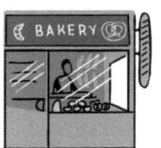

kedai roti

хлебны магазін

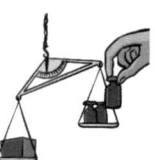

berat

важыць

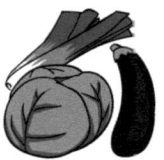

sayur-sayuran

гароднiна

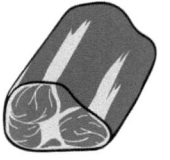

daging

мяса

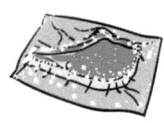

makanan sejuk beku

свежазамарожаныя прадукты

daging sejuk

нарэзка

makanan dalam tin

кансервы

serbuk pencuci

пральны парашок

gula-gula

прысмакі

produk isi rumah

хатнія прылады

produk pembersihan

чысцячы сродак

orang jualan

прадавец

daftar tunai

каса

juruwang

касір

senarai membeli-belah

спіс пакупак

waktu pembukaan

гадзіны працы

beg duit

бумажнік

kad kredit

крэдытная картка

beg

сумка

beg plastik

пакет

air

вада

jus

сок

susu

малако

kola

кола

wain

віно

bir

піва

alkohol

алкаголь

koko

какава

the

гарбата (чай)

kopi

кава

espreso

эспрэса

kapucino

капучына

pisang

банан

epal

яблык

oren

апельсін

tembikai

дыня

lemon

лімон

lobak merah

морква

bawang putih

часнок

buluh

бамбук

bawang

цыбуля

cendawan

грыб

kacang

арэхі

mi

локшына

spageti	nasi	salad
спагеці	рыс	салата

kerepek	kentang goreng	piza
бульба фры	смажаная бульба	піца

hamburger	sandwic	kutlet
гамбургер	бутэрброд	шніцаль
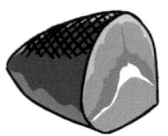		
ham	salami	sosej
вяндліна	салямі	каўбаса

ayam	panggang	ikan
курыца	смажаніна	рыбак

bubur oat

аўсяныя камякі

muesli

мюслі

emping jagung

кукурузныя шматкі

tepung

мука

kroisan

круасан

roti roll

булачка

roti

хлеб

roti bakar

тост

biskut

пячэнне

mentega

масла

dadih

тварог

kek

пірог

telur

яйка

telur goreng

яечня

keju

сыр

ais krim

марожанае

gula

цукар

madu

мёд

jem

варэнне

krim nougat

нуга

kari

кары

ladang
сядзіба

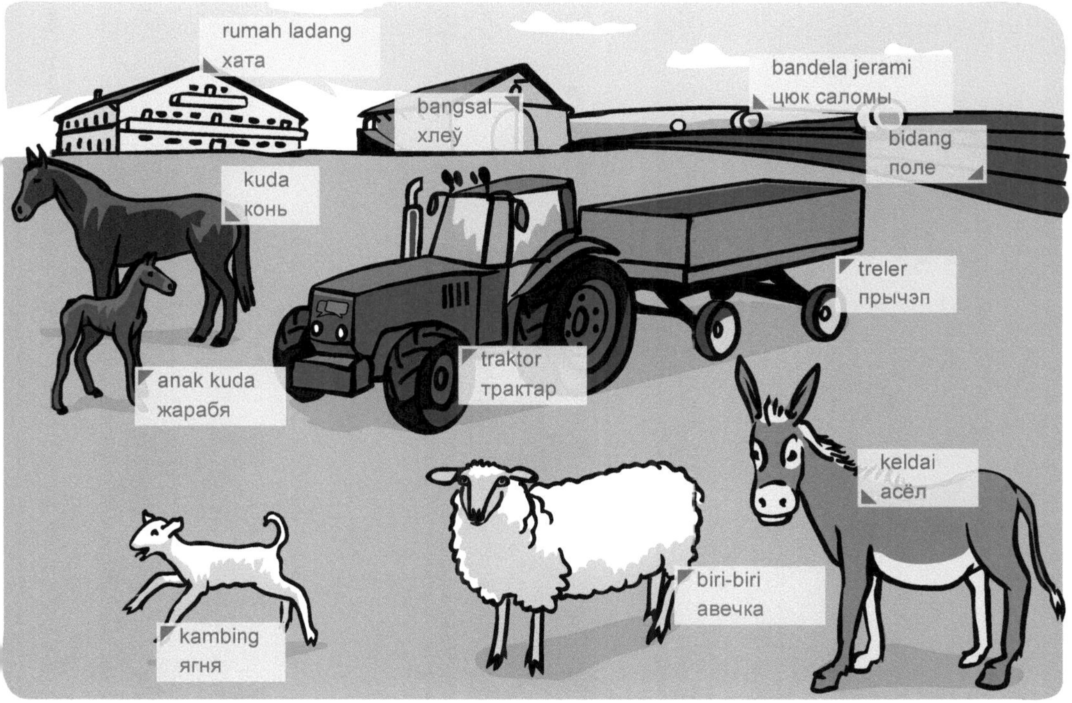
rumah ladang
хата
bangsal
хлеў
bandela jerami
цюк саломы
bidang
поле
kuda
конь
treler
прычэп
traktor
трактар
anak kuda
жарабя
keldai
асёл
biri-biri
авечка
kambing
ягня

kambing
казa

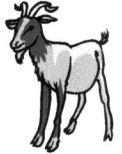

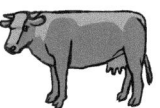

lembu
карова

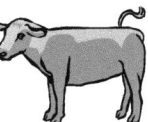

anak lembu
цяля

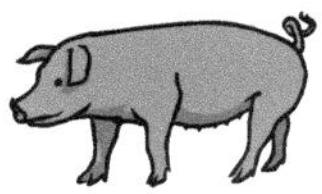

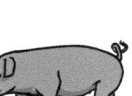

babi
свіння

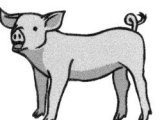

anak babi
парася

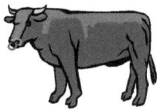

lembu
бык

angsa

гусак

itik

качка

anak ayam

кураня

ayam betina

курыца

ayam jantan muda

певень

tikus

пацук

kucing

кот

tikus

мыш

lembu jantan

вол

anjing

сабака

rumah anjing

сабачая будка

hos taman

садовы шланг

bekas siraman

палівачка

sabit

каса

bajak

плуг

sabit

серп

cangkul

матыка

serampang peladang

вілы для гною

kapak

сякера

kereta sorong

тачка

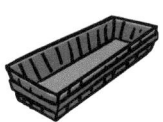

palung

карыта

tin susu

бітон для малака

karung

мех

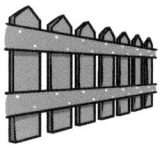

pagar

плот

stabil

хлеў

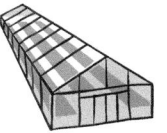

rumah hijau

цяпліца

tanah

глеба

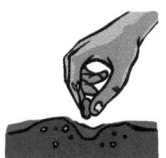

benih

насенне

baja

угнаенне

jentuai

камбайн

tuai

збіраць ураджай

menuai

ураджай

keladi

ямс

gandum

пшаніца

soya

соя

kentang

бульба

jagung

кукуруза

biji sawi

рапс

pokok buah-buahan

садовае дрэва

ubi kayu

маніёк

bijirin

збожжа

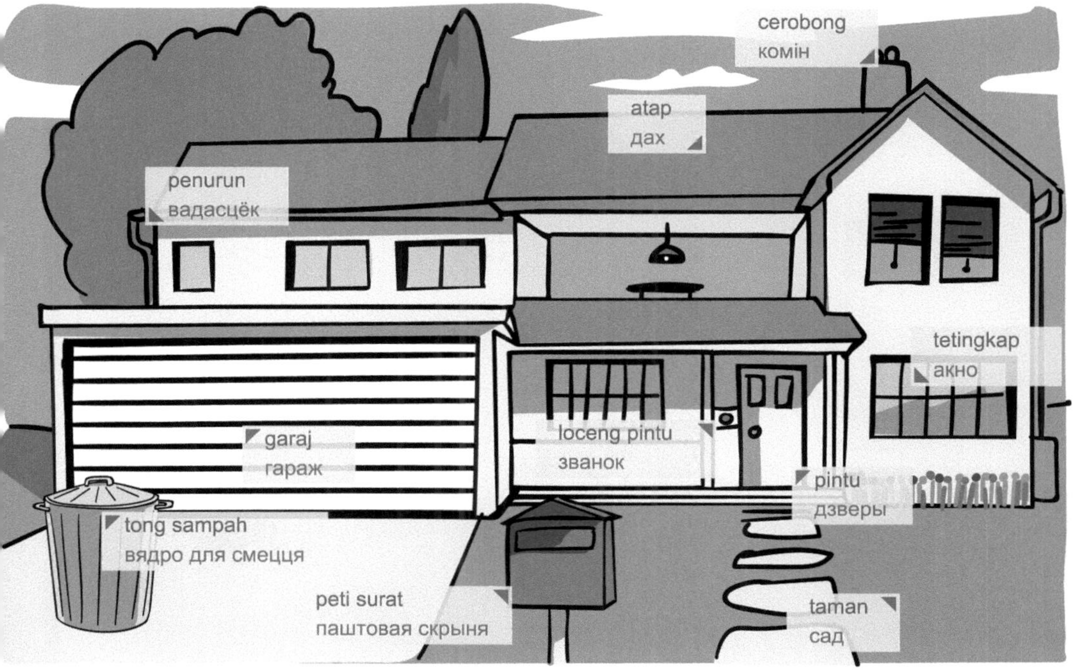

cerobong
комін

atap
дах

penurun
вадасцёк

tetingkap
акно

garaj
гараж

loceng pintu
званок

pintu
дзверы

tong sampah
вядро для смецця

peti surat
паштовая скрыня

taman
сад

ruang tamu

жылы пакой

bilik air

ванная

dapur

кухня

bilik tidur

спальны пакой

bilik kanak-kanak

дзіцячы пакой

ruang makan

сталоўка

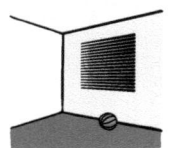

lantai

падлога

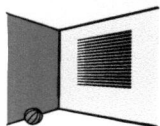

dinding

сцяна

siling

столь

bilik bawah tanah

падвал

sauna

саўна

balkoni

балкон

teres

тэраса

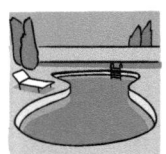

kolam renang

басейн

pemotong rumput

касілка

lembaran

падкоўдранік

penutup tilam

коўдра

katil

ложак

penyapu

венік

timba

вядро

suis

выключальнік

ruang tamu
жылы пакой

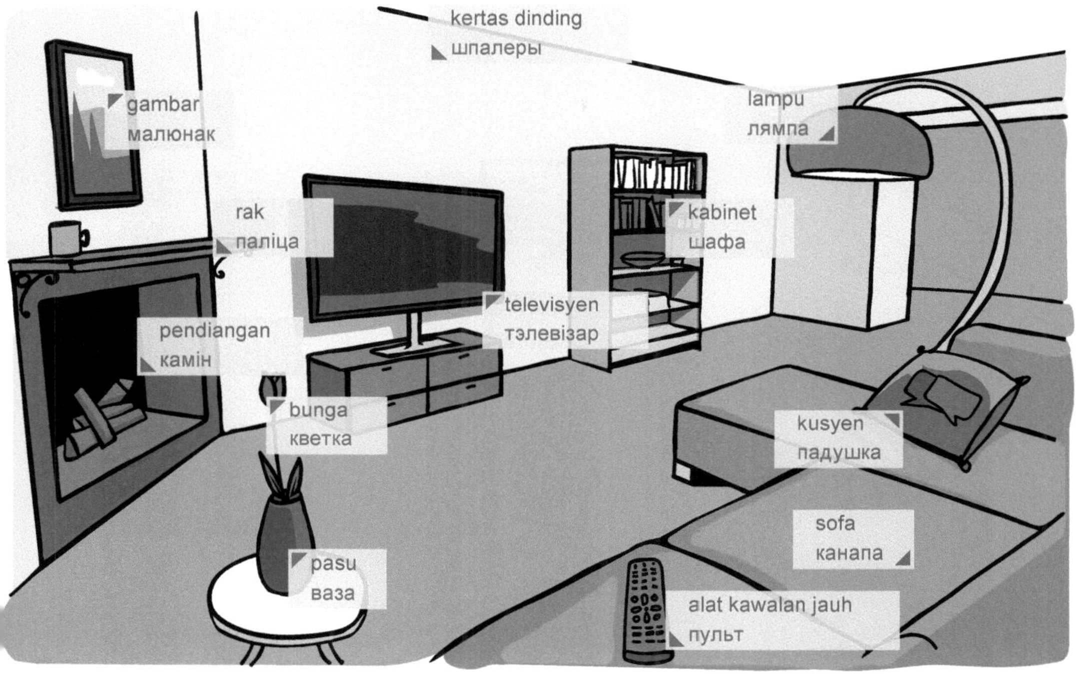

kertas dinding
шпалеры
gambar
малюнак
lampu
лямпа
rak
паліца
kabinet
шафа
televisyen
тэлевізар
pendiangan
камін
bunga
кветка
kusyen
падушка
sofa
канапа
pasu
ваза
alat kawalan jauh
пульт

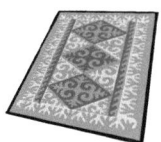

permaidani
дыван

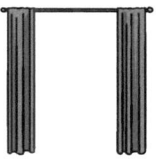

tirai
фіранка

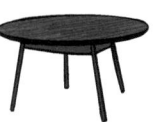

meja
стол

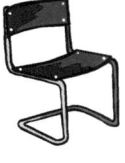

kerusi
крэсла

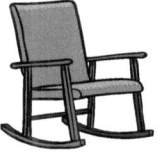

kerusi malas
крэсла-качалка

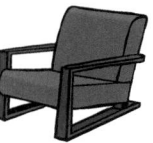

kerusi
крэсла

buku

кніга

selimut

коўдра

hiasan

дэкарацыя

kayu api

дровы

filem

кіно

hi-fi

стэрэасістэма

kunci

ключ

akhbar

газета

lukisan

карціна

poster

постар

radio

радыё

buku catatan

нататнік

penyedut habuk

пыласос

kaktus

кактус

lilin

свечка

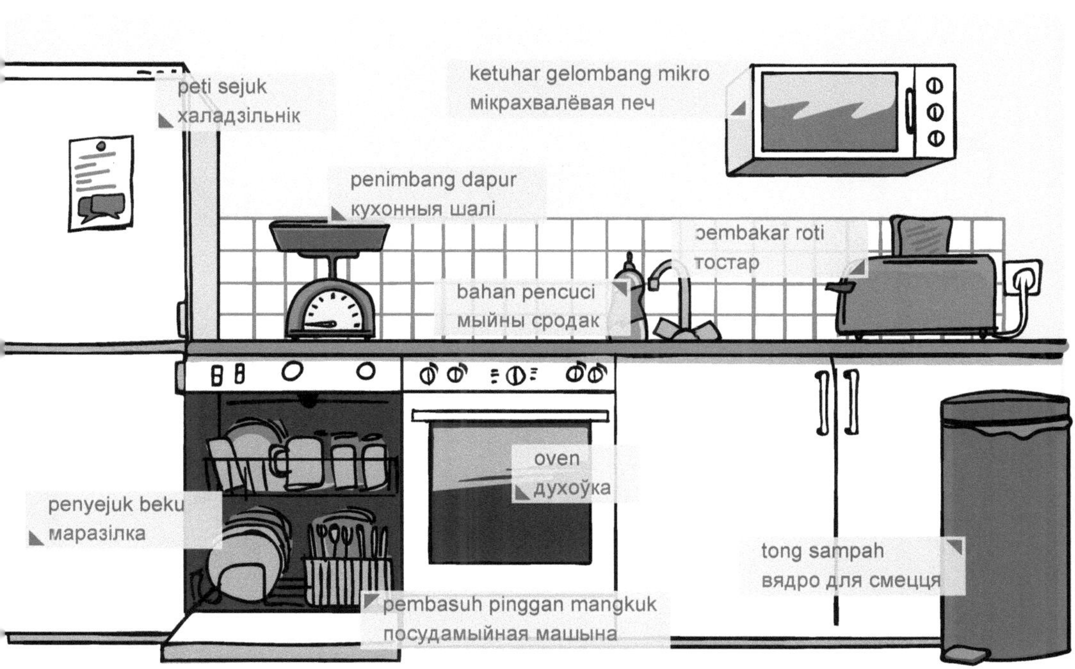

ketuhar gelombang mikro
мікрахвалёвая печ

peti sejuk
халадзільнік

penimbang dapur
кухонныя шалі

cembakar roti
тостар

bahan pencuci
мыйны сродак

oven
духоўка

penyejuk beku
маразілка

tong sampah
вядро для смецця

pembasuh pinggan mangkuk
посудамыйная машына

periuk dapur
....
пліта

periuk
....
рондаль

periuk besi
....
чыгунок

kuali
....
Вок / кадаі

pan
....
патэльня

cerek
....
чайнік

pengukus

параварка

dulang pembakar

бляха

pinggan mangkuk

посуд

koleh

кубак

mangkuk

міска

penyepit

палачкі для ежы

senduk

чарпак

spatula

лапатачка

pengadun

збівалка

penapis

сіта для варэння

ayak

сіта

pemarut

тарка

mortar

ступка

barbeku

грыль

pembakaran terbuka

вогнішча

papan pencincang

дошка

pin golekan

качалка

skru gabus

штопар

tin

бляшанка

pembuka tin

адкрывалка

pemegang periuk

прыхваткі

sinki

ракавіна

berus

шчотка

span

губка

pengisar

міксер

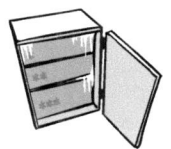

penyejuk beku

маразільная камера

botol bayi

бутэлечка

paip

вадаправодны кран

bilik air

ванная

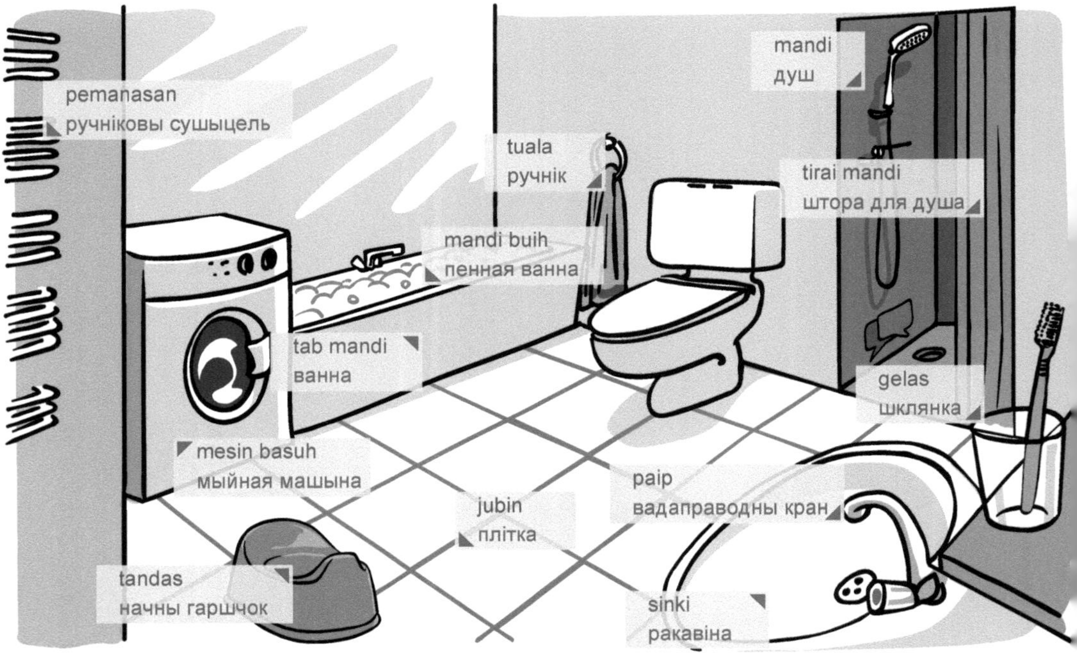
mandi
душ
pemanasan
ручніковы сушыцель
tuala
ручнік
tirai mandi
штора для душа
mandi buih
пенная ванна
tab mandi
ванна
gelas
шклянка
mesin basuh
мыйная машына
paip
вадаправодны кран
jubin
плітка
tandas
начны гаршчок
sinki
ракавіна

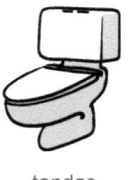

tandas

туалет

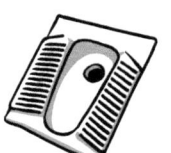

tandas mencangkung

падлогавы ўнітаз

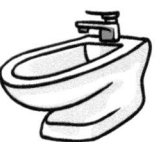

mangkuk tandas

бідэ

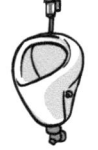

tandas awam

пісуар

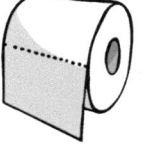

kertas tandas

туалетная папера

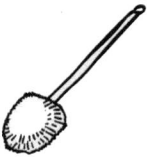

berus tandas

шчотка для чысткі ўнітаза

berus gigi

зубная шчотка

ubat gigi

зубная паста

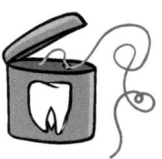

flos gigi

зубная нітка

cuci

мыць

mandian tangan

ручны душ

pancuran

інтымны душ

besen

умывальнік

belakang berus

шчотка для спіны

sabun

мыла

gel mandian

гель для душа

syampu

шампунь

flanel

вяхотка

longkang

вадасцёк

krim

крэм

deodoran

дэзадарант

cermin

люстэрка

cermin tangan

касметычнае люстэрка

pisau cukur

станок для галення

busa cukur

пена для галення

selepas cukur

ласьён пасля галення

sikat

грэбень

berus

шчотка

pengering rambut

фен

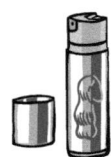

semburan rambut

лак для валасоў

mekap

касметыка

gincu

памада

varnis kuku

лак для пазногцяў

bulu kapas

вата

gunting kuku

манікюрныя нажніцы

pewangi

духі

beg basuhan

касметычка

bangku

табурэтка

skala berat

вагі

jubah mandi

лазневы халат

sarung tangan getah

санітарныя пальчаткі

kapas

тампон

tuala wanita

гігіенічныя пракладкі

tandas kimia

біятуалет

bilik kanak-kanak

дзіцячы пакой

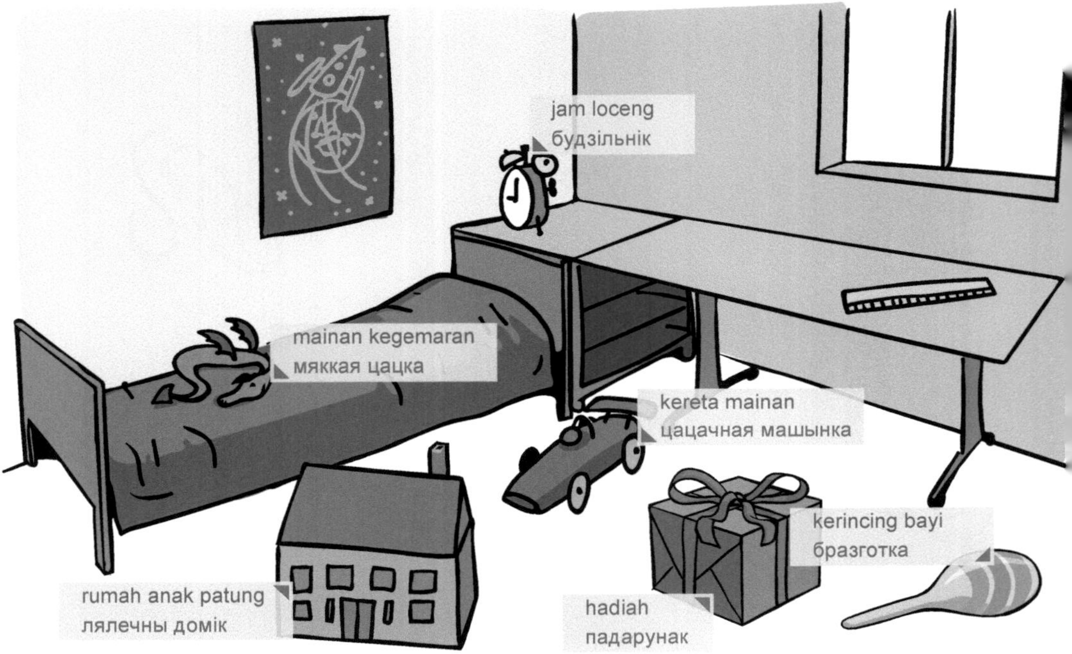
jam loceng
будзільнік
mainan kegemaran
мяккая цацка
kereta mainan
цацачная машынка
kerincing bayi
бразготка
rumah anak patung
лялечны домік
hadiah
падарунак

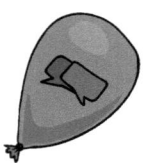

belon

надзіманы шарык

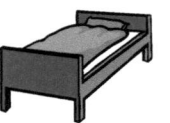

katil

ложак

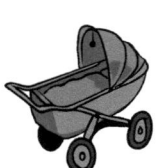

kereta sorong bayi

дзіцячая каляска

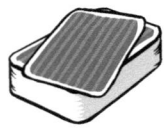

set kad

калода картаў

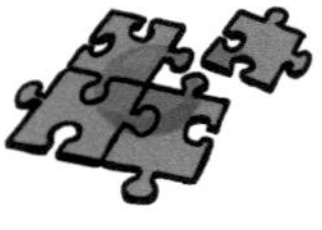

susun suai gambar

пазл

SUPER
MEGA

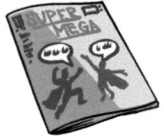

komik

комікс

batu bata lego

канструктар "Лега"

blok mainan

канструктар

figura aksi

экшэн-фігурка

baju bayi

дзіцячы гарнітур

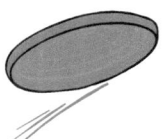

frisbee

фрызбі

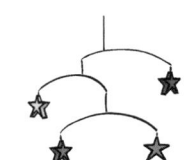

mainan bayi mudah alih

дзіцячы мабіль

permainan papan

настольная гульня

dadu

кубік

set model kereta api

дзіцячая чыгунка

palsu

пустышка

parti

дзіцячае свята

buku bergambar

кніга з малюнкамі

bola

мячык

anak patung

лялька

main

гуляцца

lubang pasir

пясочніца

buai

арэлі

mainan

цацкі

konsol permainan video

гульнявая відэа прыстаўка

basikal roda tiga

трохколавы ровар

anak patung beruang

плюшавы мішка

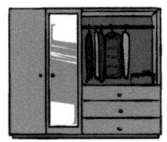

almari pakaian

шафа

pakaian

адзенне

stoking

шкарпэткі

stoking

панчохі

ketat

калготкі

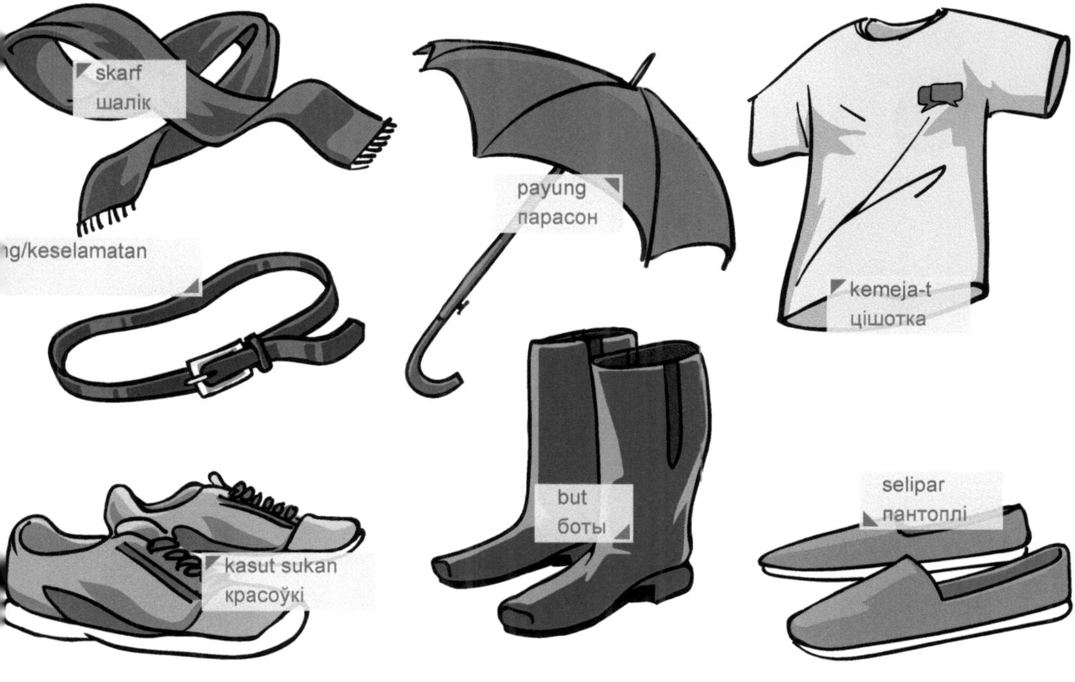

skarf
шалік

...ng/keselamatan

payung
парасон

kemeja-t
цішотка

kasut sukan
красоўкі

but
боты

selipar
пантоплі

sandal	kasut	but getah
сандалі	абутак	гумовыя боты

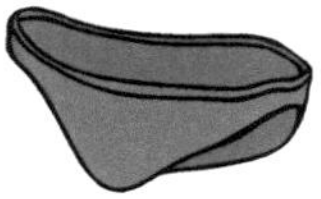

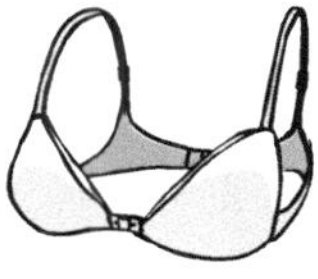

seluar dalam	coli	ves
трусы	бюстгальтар	майка

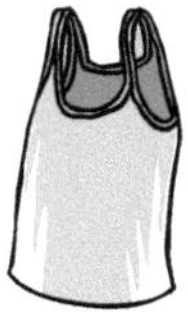

badan

бодзі

Seluar panjang

штаны

jean

джынсы

skirt

спадніца

blaus

блузка

kemeja

кашуля

baju panas sarung

джэмпер

sweater

талстоўка

blazer

блэйзер

jaket

куртка

kot

паліто

baju hujan

дажджавік

kostum

касцюм

pakaian

сукенка

baju pengantin

вясельная сукенка

sut

касцюм

baju tidur

начная сарочка

baju tidur

піжама

sari

сары

skarf kepala

хустка

serban

цюрбан

burqa

паранджа

kaftan

каптан

abaya/jubah

Абая

baju renang

купальнік

seluar renang

плаўкі

seluar pendek

шорты

sut balapan

спартыўны касцюм

apron

фартух

sarung tangan

пальчаткі

butang

гузік

cermin mata

акуляры

gelang tangan

бранзалет

rantai leher

каралі

cincin

кальцо

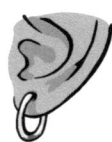

subang

завушніца

topi

кепка

penyangkut kot

вешалка

topi

капялюш

tali leher

гальштук

zip

маланка

topi keledar

шлем

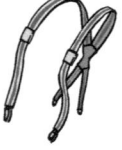

pendakap

падцяжкі

uniform sekolah

школьная форма

seragam

уніформа

lapik dada
....
нагруднік

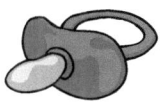

palsu
....
пустышка

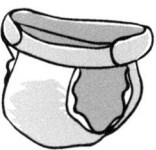

lampin
....
падгузнік

pejabat
офіс

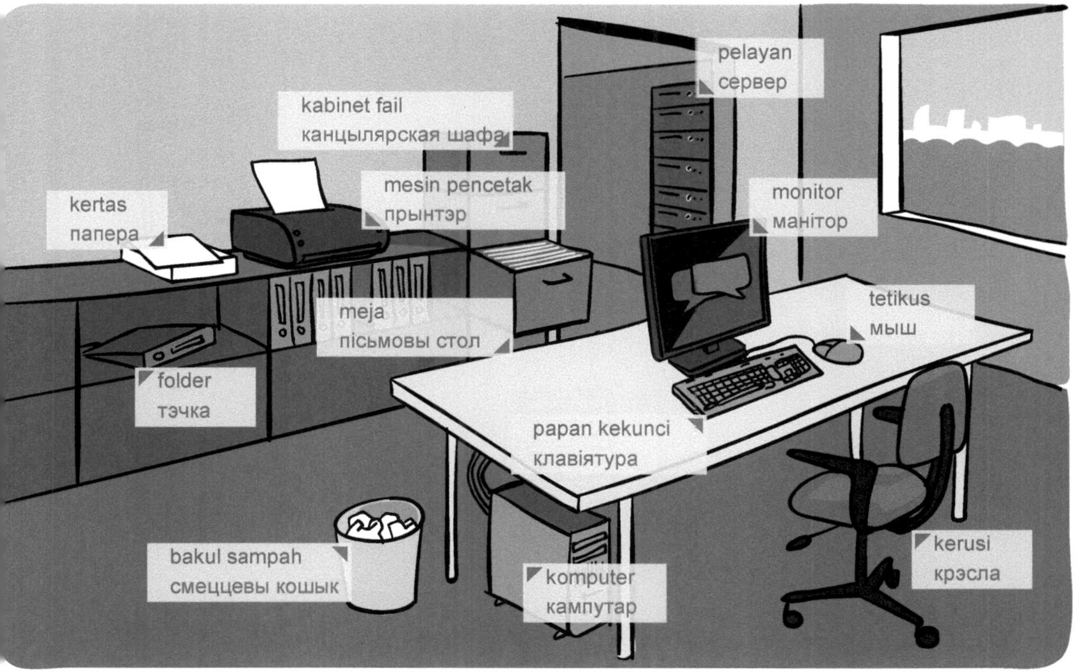

pelayan
сервер

kabinet fail
канцылярская шафа

mesin pencetak
прынтэр

monitor
манітор

kertas
папера

tetikus
мыш

meja
пісьмовы стол

folder
тэчка

papan kekunci
клавіятура

bakul sampah
смеццевы кошык

kerusi
крэсла

komputer
кампутар

cawan kopi
....
кубак для кавы (філіжанка)

kalkulator
....
калькулятар

internet
....
інтэрнэт

komputer riba
ноўтбук

surat
ліст

mesej
паведамленне

mudah alih
мабільны тэлефон

rangkaian
сетка

mesin fotokopi
ксеракс

perisian
праграмнае забеспячэнне

telefon
тэлефон

soket plag
разетка

mesin faks
факс

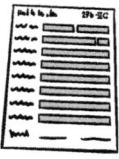

bentuk
фармуляр

dokumen
дакумент

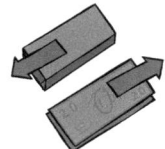

beli
....
купляць

bayar
....
плаціць

berdagang
....
гандляваць

wang
....
грошы

dolar
....
долар

euro
....
еўра

yen
....
ена

rubel
....
рубель

franc swiss
....
франк

renminbi yuan
....
кітайскі юань

rupee
....
рупія

mata tunai
....
банкамат

pejabat tukaran mata wang

абменны пункт

emas

золата

perak

срэбра

minyak

нафта

tenaga

энергія

harga

цана

kontrak

кантракт

cukai

падатак

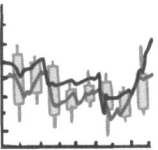

stok

акцыя

kerja

працаваць

pekerja

служачы

majikan

працадаўца

kilang

фабрыка

kedai

крама

pegawai polis
паліцыянт

ahli bomba
пажарны

tukang masak
кухар

doktor
доктар

juruterbang
пілот

tukang kebun

садоўнік

tukang kayu

слесар

tukang jahit

швачка

hakim

суддзя

ahli kimia

хімік

pelakon

артыст

pemandu bas

кіроўца аўтобуса

pemandu teksi

таксіст

nelayan

рыбак

wanita pencuci

прыбіральшчыца

kasau

страхар

pelayan

афіцыянт

pemburu

паляўнічы

pelukis

мастак

bakeri

пекар

juruelektrik

электрык

pembangun

будаўнік

jurutera

інжынер

penjual daging

мяснік

tukang paip

сантэхнік

posmen

паштальён

askar

салдат

arkitek

архітэктар

juruwang

касір

kedai bunga

фларыст

pendandan rambut

цырульнік

konduktor

кандуктар

mekanik

механік

kapten

капітан

doktor gigi

стаматолаг

ahli sains

вучоны

tuhanku

рабін

imam

імам

sami

манах

paderi

святар

alat

інструменты

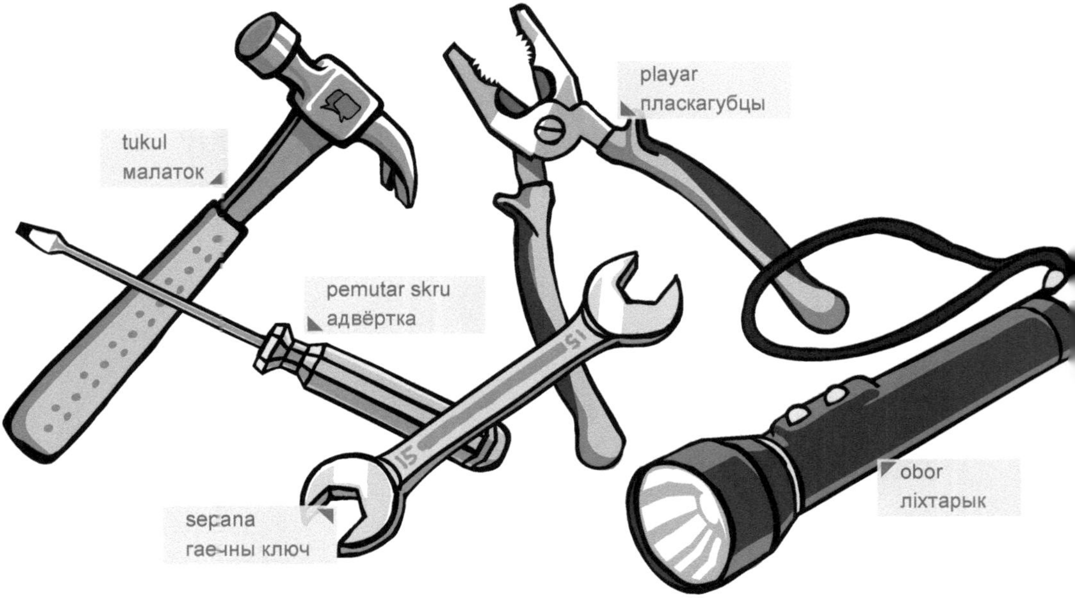

tukul
малаток
playar
пласкагубцы
pemutar skru
адвёртка
sepana
гаечны ключ
obor
ліхтарык

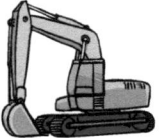

pengorek

экскаватар

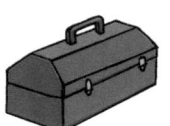

kotak peralatan

скрыня для інструментаў

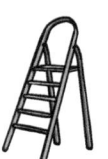

tangga

дравіны

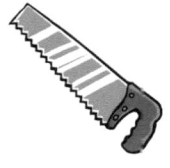

gergaji

піла

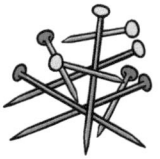

kuku

цвікі

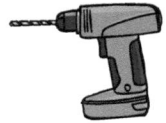

gerudi

дрыль

baiki

рамантаваць

penyodok

рыдлеўка

Celaka!

Халера!

penadah sampah

шуфлік для смецця

periuk cat

вядро з фарбаю

skru

балты

alat muzik

музычныя інструменты

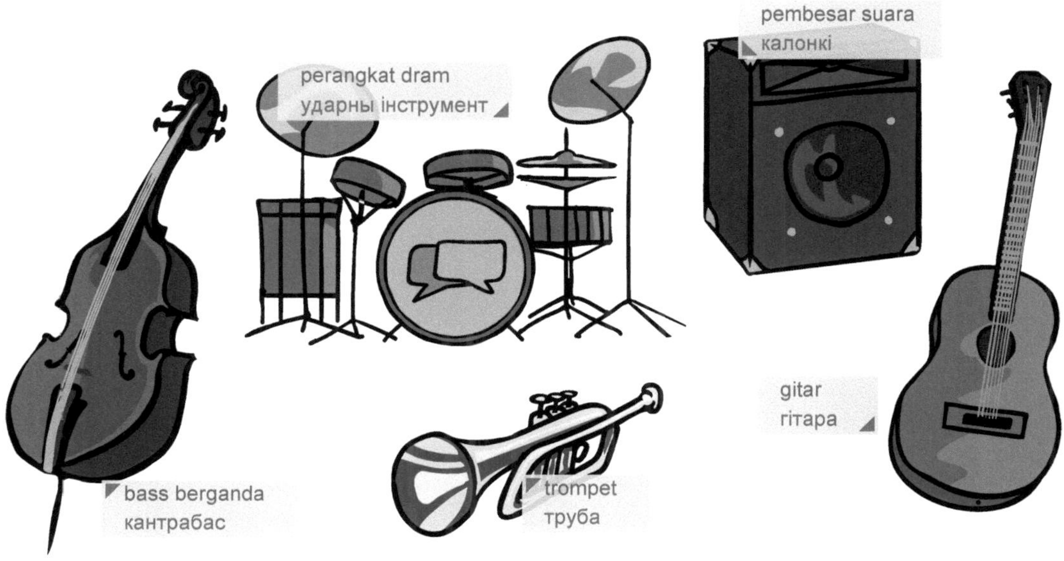

perangkat dram
ударны інструмент

pembesar suara
калонкі

gitar
гітара

bass berganda
кантрабас

trompet
труба

piano

пяніна

biola

скрыпка

bass

басгітара

timpani

літаўры

dram

барабан

papan kekunci

клавішны электрамузычны
інструмент

saksofon

саксафон

seruling

флейта

mikrofon

мікрафон

alat muzik - музычныя інструменты

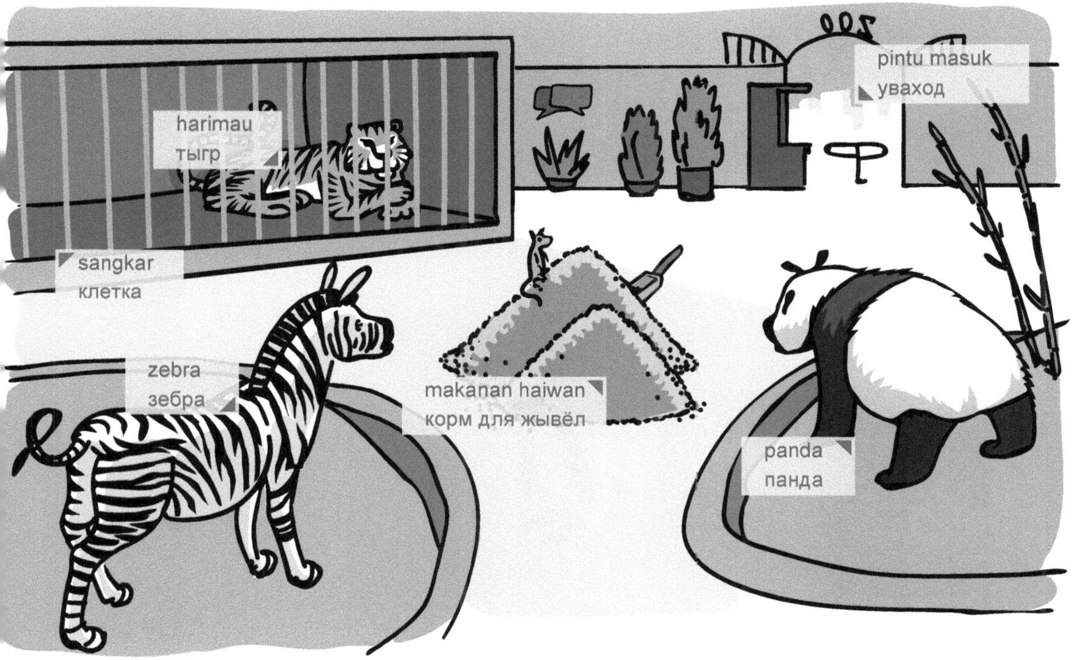

pintu masuk
уваход

harimau
тыгр

sangkar
клетка

zebra
зебра

makanan haiwan
корм для жывёл

panda
панда

haiwan

жывёлы

gajah

слон

kanggaru

кенгуру

badak sumbu

насарог

gorila

гарыла

beruang

мядзведзь

unta

вярблюд

burung unta

стравус

singa

леў

monyet

малпа

flamingo

фламінга

nuri

папугай

beruang kutub

белы мядзведзь

penguin

пінгвін

yu

акула

merak

паўлін

ular

змяя

buaya

кракадзіл

penjaga zoo

наглядчык заапарка

anjing laut

цюлень

jaguar

ягуар

kuda

поні

harimau

леапард

badak air

бегемот

zirafah

жыраф

helang

арол

babi jantan

дзік

ikan

рыбак

penyu

чарапаха

anjing laut

морж

musang

ліса

rusa

газель

bola sepak Amerika
амерыканскі футбол

berbasikal
веласпорт

tenis
тэніс

bola keranjang
баскетбол

renang
плаванне

hoki ais
хакей з шайбай

tinju
бокс

bola sepak
футбол

badminton
бадмінтон

olahraga
лёгкая атлетыка

bola baling
гандбол

ski
горныя лыжы

polo
пола

ketawa
смяяцца

lompat
скакаць

peluk
абдымаць

berjalan
ісці

menyanyi
спяваць

mimpi
марыць

berdoa
маліцца

cium
цалаваць

tulis
....
пісаць

lukis
....
маляваць

tunjuk
....
паказваць

tolak
....
націснуць

beri
....
даваць

ambil
....
браць

ada

маць

buat

выконваць

ialah

быць

berdiri

стаяць

lari

бегчы

tarik

цягнуць

buang

кідаць

jatuh

падаць

tipu

ляжаць

tunggu

чакаць

bawa

насіць

duduk

сядзець

pakai

апранацца

tidur

спаць

bangkit

прачынацца

lihat pada
....
глядзець

menangis
....
плакаць

strok
....
лашчыць

sikat
....
прычэсвацца

cakap
....
гаварыць

faham
....
разумець

tanya
....
пытаць

dengar
....
чуць

minum
....
піць

makan
....
есці

mengemas
....
прыбіраць

sayang
....
кахаць

masak
....
гатаваць

pandu
....
ехаць

terbang
....
лятаць

belayar

плаваць пад ветразем

kira

лічыць

baca

чытаць

belajar

вучыць

kerja

працаваць

nikah

уступаць у шлюб

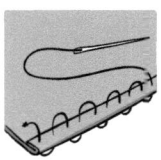

jahit

шыць

memberus gigi

чысціць зубы

bunuh

забіваць

asap

курыць

hantar

пасылаць

nenek
бабуля

datuk
дзядуля

bapa
бацька

ibu
маці

bayi
дзіця

anak perempuan
дачка

anak lelaki
сын

tetamu

госць

mak cik

цётка

pak cik

дзядзька

abang

брат

kakak

сястра

badan

цела

dahi
лоб
mata
вока
bahu
плячо
jari
палец
muka
твар
dagu
падбародак
tangan
рука
dada
грудзі
kaki
нага
lengan
рука

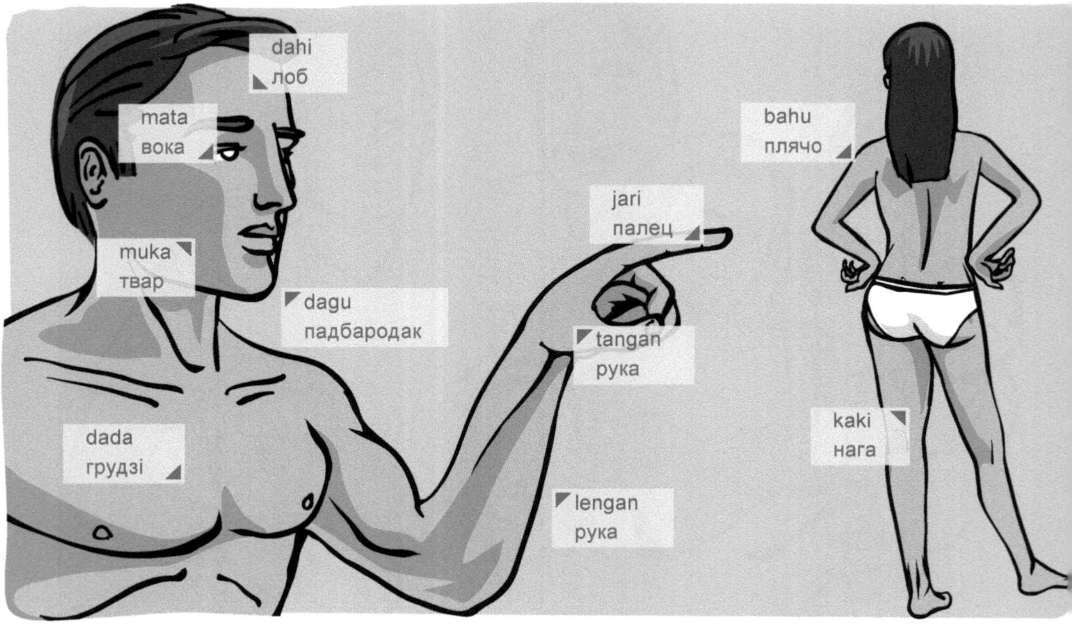

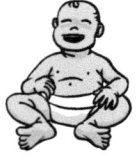

bayi
дзіця

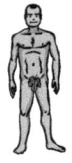

lelaki
мужчына

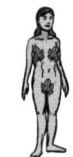

wanita
жанчына

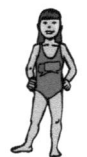

perempuan
дзяўчынка

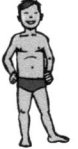

lelaki
хлопчык

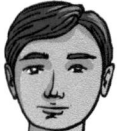

kepala
галава

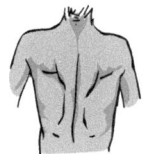

belakang

спіна

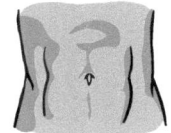

bawah perut

жывот

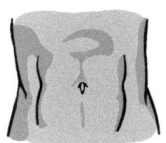

pusat

пуп

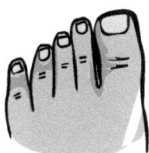

jari kaki

палец нагі

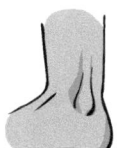

tumit

пятка

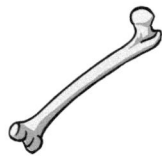

tulang

костка

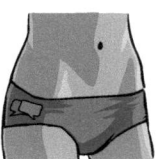

pinggul

бядро

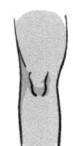

lutut

калена

siku

локаць

hidung

нос

bawah

ягадзіца

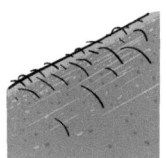

kulit

скура

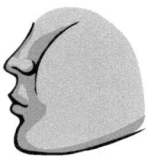

pipi

шчака

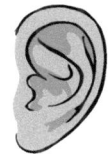

telinga

вуха

bibir

губа

badan - цела

mulut

рот

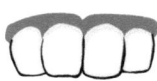

gigi

зуб

lidah

язык

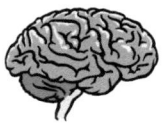

otak

галаўны мозг

hati

сэрца

otot

мышца

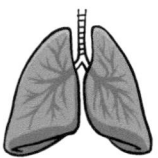

paru-paru

лёгкае

hati

пячонка

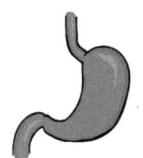

perut

страўнік

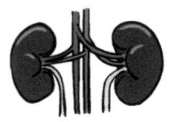

buah pinggang

ныркі

seks

сэкс

kondom

прэзерватыў

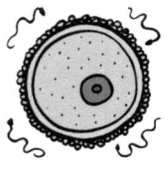

faraj

яйцаклетка

mani

сперма

mengandung

цяжарнасць

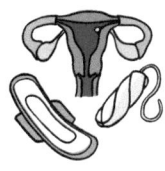

haid

менструацыя

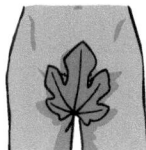

faraj

похва

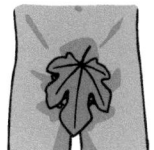

penis

пеніс

kening

брыво

rambut

валасы

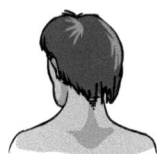

leher

шыя

hospital
шпіталь

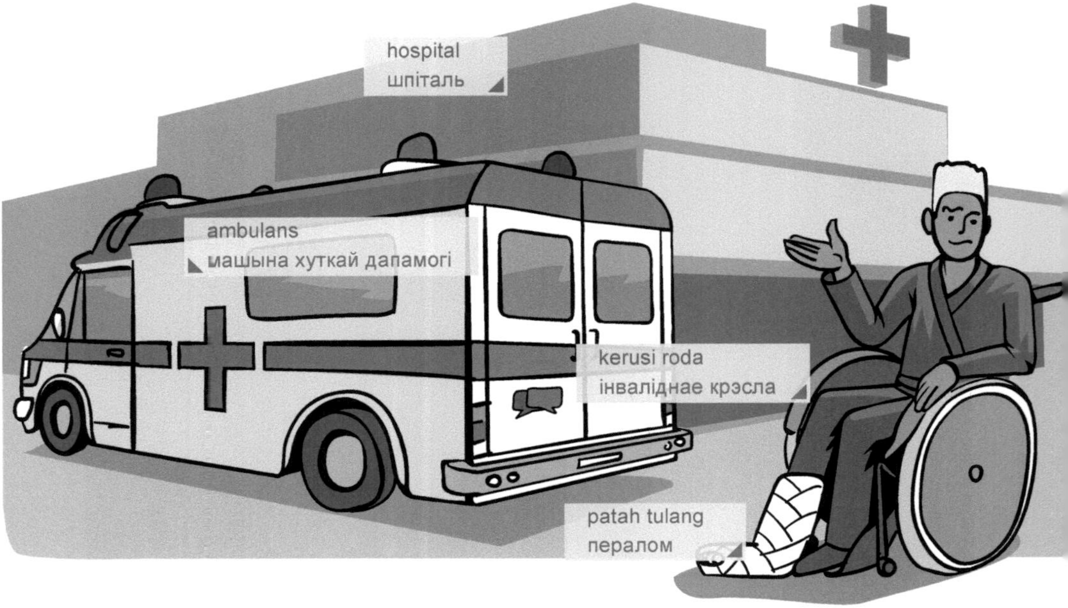

hospital
шпіталь
ambulans
машына хуткай дапамогі
kerusi roda
інваліднае крэсла
patah tulang
пералом

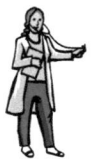

doktor

доктар

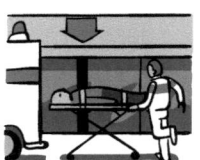

bilik kecemasan

аддзяленне першай дапамогі

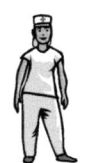

jururawat

медсястра

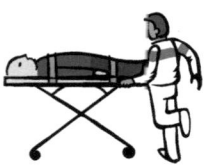

kecemasan

экстраная дапамога

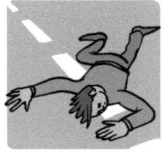

tak sedar

непрытомны

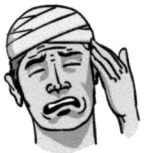

sakit

боль

kecederaan

траўма

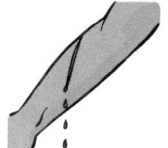

pendarahan

крывацёк

serangan jantung

інфаркт

strok

апаплексія

alergi

алергія

batuk

кашаль

demam

гарачка

selesema

грып

cirit-birit

панос

sakit kepala

галаўны боль

kanser

рак

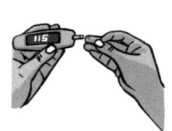

diabetes

дыябет

pakar bedah

хірург

pisau bedah

скальпель

pembedahan

аперацыя

CT

КТ

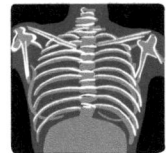

x-ray

рэнтген

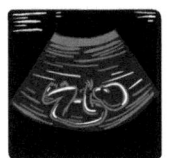

ultrabunyi

ультрагук

topeng muka

маска

penyakit

хвароба

bilik menunggu

пачакальня

penongkat

мыліца

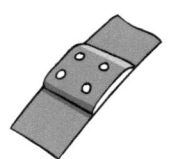

plaster

пластыр

pembalut

бінт

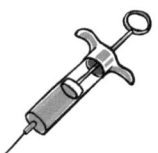

suntikan

ін'екцыя

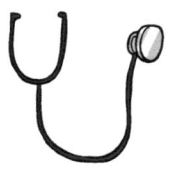

stetoskop

стэтаскоп

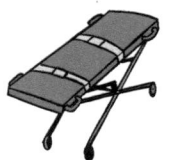

pengusung

насілкі

termometer klinik

градуснік

kelahiran

нараджэнне

berat badan berlebihan

лішняя вага

alat pendengaran

слухавы апарат

disinfektan

дэзінфекцыйны сродак

jangkitan

інфекцыя

virus

вірус

HIV / AIDS

ВІЧ/СНІД

perubatan

лекі

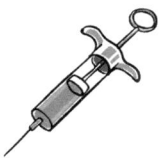

vaksinasi

прышчэпка

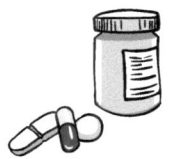

tablet

таблеткі

pil

супрацьзачаткавая
таблетка

panggilan kecemasan

экстраны выклік

pantau tekanan darah

танометр

sakit / sihat

хворы / здаровы

Tolong!

Ратуйце!

penggera

сігналізацыя

serang

напад

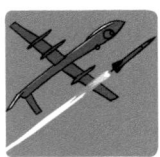

serangan

атака

bahaya

небяспека

pintu kecemasan

аварыйны выхад

Api!

Пажар!

alat pemadam api

вогнетушыцель

kemalangan

аварыя

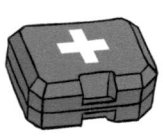

alat pertolongan cemas

аптэчка

SOS

СОС

polis

паліцыя

Eropah

Еўропа

Amerika Utara

Паўночная Амерыка

Amerika Selatan

Паўднёвая Амерыка

Afrika

Афрыка

Asia

Азія

Australia

Аўстралія

Atlantic

Атлантычны акіян

Pasifik

Ціхі акіян

Lautan Hindi

Індыйскі акіян

Lautan Antartik

Паўднёвы ледавіты акіян

Lautan Artik

Паўночны ледавіты акіян

Kutub utara

Паўночны полюс

Kutub Selatan

Паўднёвы полюс

Antartika

Антарктыда

bumi

Зямля

tanah

краіна

laut

мора

pulau

востраў

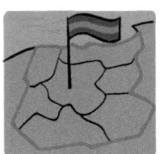

negara

нацыя

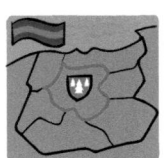

negeri

дзяржава

muka jam

цыферблат

tangan jam

гадзінная стрэлка

tangan minit

хвілінная стрэлка

terpakai

секундная стрэлка

Jam berapa sekarang

Колькі часу?

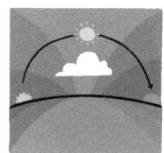

hari

дзень

masa

час

sekarang

зараз

jam digital

электронны гадзіннік

minit

хвіліна

jam

гадзіна

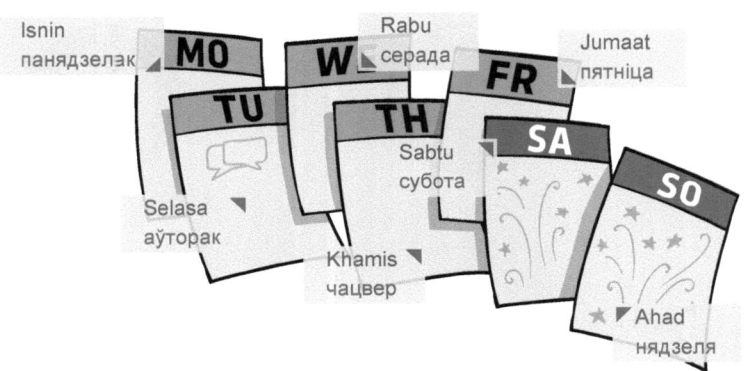

Isnin
панядзелак

Rabu
серада

Jumaat
пятніца

Selasa
аўторак

Sabtu
субота

Khamis
чацвер

Ahad
нядзеля

semalam

ўчора

hari ini

сёння

esok

заўтра

pagi

раніца

tengah hari

абед

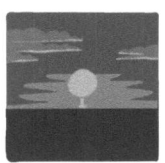

petang

вечар

MO	TU	WE	TH	FR	SA	SU
1	2	3	4	5	6	7
8	9	10	11	12	13	14
15	16	17	18	19	20	21
22	23	24	25	26	27	28
29	30	31	1	2	3	4

hari kerja

працоўныя дні

MO	TU	WE	TH	FR	SA	SU
1	2	3	4	5	6	7
8	9	10	11	12	13	14
15	16	17	18	19	20	21
22	23	24	25	26	27	28
29	30	31	1	2	3	4

hari minggu

выхадныя

tahun
год

hujan
дождж
pelangi
вясёлка
salji
снег
angin
вецер
musim bunga
вясна
musim luruh
восень
musim panas
лета
musim salji
зіма

4.APRIL 11°
5.APRIL 4°
6.APRIL 13°
7.APRIL 8°
8.APRIL 10°

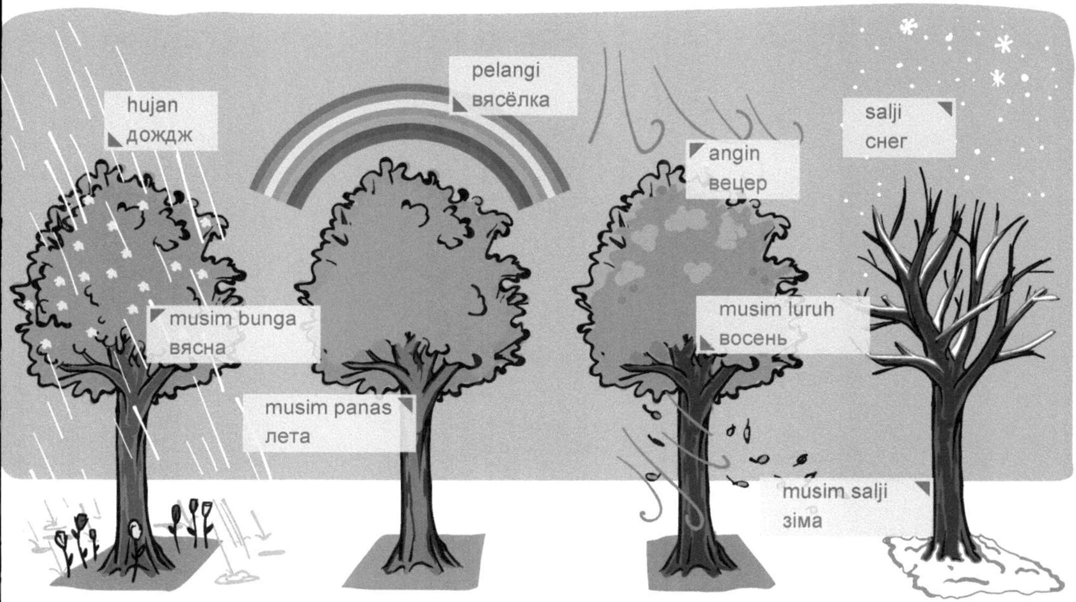

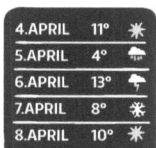

ramalan cuaca

прагноз надвор'я

F C
120 90 60 30 0 -30
40 30 20 10 0 -10 -20

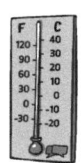

termometer

градуснік

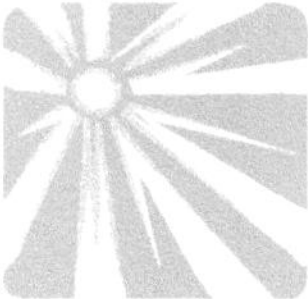

sinar matahari

сонечнае святло

awan

воблака

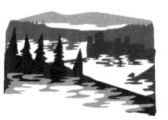

kabus

туман

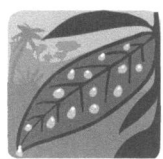

lembapan

вільготнасць паветра

kilat
маланка

petir
гром

ribut
бура

hujan batu
град

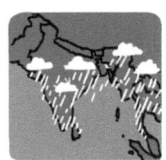

monsun
мусонны вецер

banjir
прыліў

ais
лёд

Januari
студзень

Februari
люты

Mac
сакавік

April
красавік

Mei
май

Jun
чэрвень

Julai
ліпень

Ogos
жнівень

September
....
верасень

Oktober
....
кастрычнік

November
....
лістапад

Disember
....
снежань

bulatan
....
круг

petak
....
квадрат

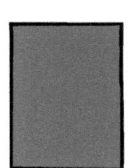

segi empat tepat
....
прамавугольнік

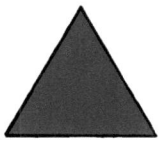

segitiga
....
трохвугольнік

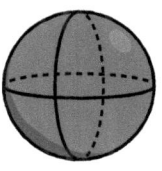

sfera
....
шар

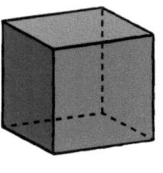

kiub
....
куб

putih

белы

kuning

жоўты

oren

аранжавы

merah jambu

ружовы

merah

чырвоны

ungu

фіялетавы

biru

сіні

hijau

зялёны

coklat

карычневы

kelabu

шэры

hitam

чорны

banyak / sedikit

шмат / мала

marah / tenang

злы / добры

cantik / hodoh

прыгожы / брыдкі

bermula / tamat

пачатак / канец

besar kecil

высокі / малы

terang / gelap

светлы / цёмны

abang / kakak

сястра / брат

bersih / kotor

чысты / брудны

lengkap / tidak lengkap

поўны / няпоўны

hari / malam

дзень / ноч

mati / hidup

мёртвы / жывы

luas / sempit

шырокі / вузкі

boleh dimakan / tidak boleh dimakan

ядомы / неядомы

jahat / baik

злы / добры

teruja / bosan

узбуджаны / нудны

gemuk / kurus

тоўсты / тонкі

pertama / terakhir

першы / апошні

kawan / musuh

сябар / вораг

penuh / kosong

поўны / пусты

keras / lembut

цвёрды / мяккі

berat / ringan

важкі / лёгкі

lapar / dahaga

голад / смага

sakit / sihat

хворы / здаровы

menyalahi undang-undang / undang-undang

нелегальны / легальны

pintar / bodoh

разумны / дурны

kiri / kanan

левы / правы

dekat / jauh

побач / далёка

baru / lama

новы / былы ва ўжыванні

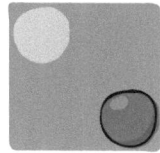

tiada / sesuatu

нічога / нешта

tua / muda

стары / малады

hidup / mati

укл / выкл

terbuka / tertutup

адчынены / зачынены

diam / bising

ціхі / гучны

kaya / miskin

багаты / бедны

betul / salah

правільна / няправільна

kasar / halus

шурпаты / гладкі

sedih / gembira

сумны / шчаслівы

pendek / panjang

кароткі / доўгі

lambat / laju

павольны / хуткі

basah / kering

вільготны / сухі

panas / sejuk

цёплы / халаднаваты

berperang / berdamai

вайна / мір

0

sifar

нуль

1

satu

адзін

2

dua

два

3

tiga

тры

4

empat

чатыры

5

lima

пяць

6

enam

шэсць

7

tujuh

сем

8

lapan

восем

9

sembilan

дзевяць

10

sepuluh

дзесяць

11

sebelas

адзінаццаць

12

dua belas

дванаццаць

13

tiga belas

трынаццаць

14

empat belas

чатырнаццаць

15

lima belas

пятнаццаць

16

enam belas

шаснаццаць

17

tujuh belas

сямнаццаць

18

lapan belas

васямнаццаць

19

Sembilan belas

дзевятнаццаць

20

dua puluh

дваццаць

100

ratus

сто

1.000

ribu

тысяча

1.000.000

juta

мільён

Bahasa Inggeris

англійская

Bahasa Inggeris Amerika

англійская (Амерыка)

Bahasa Cina Mandarin

кітайская мандарынская

Bahasa Hinci

хіндзі

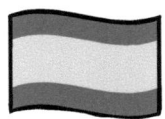

Bahasa Sepanyol

іспанская

Bahasa Perancis

французская

Bahasa Arab

арабская

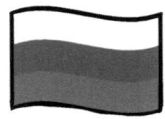

Bahasa Rusia

руская

Bahasa Portugis

партугальская

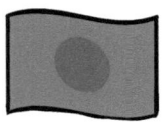

Bahasa Bencgali

бенгальская

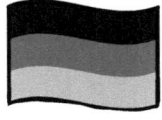

Bahasa Jerman

нямецкая

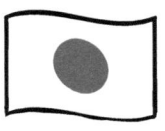

Bahasa Jepun

японская

saya

я

anda

ты

dia / dia / ia

ён / яна / яно

kita

мы

anda

вы

mereka

яны

siapa?

хто?

apa?

што?

bagaimana?

як?

di mana?

дзе?

bila?

калі?

nama

імя

di mana

дзе

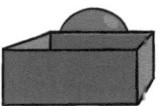

belakang

за

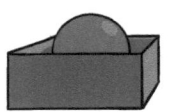

dalam

у

di hadapan

перад

lebih

над

pada

на

di bawah

пад

bersebelahan

каля

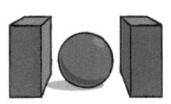

antara

паміж

tempat

месца